Dedicado a Samuel

¡Prepárate para Halloween!

Truco o Trato!

Me alegro de ver a mis amigos.

¡Porque vamos a pedir caramelos!

¿Y adivina qué más vamos a hacer?

Truco o Trato!

SALTO SALTO SALTO

Y DI BOO!

Este es mi perro Samantha....

También le gusta disfrazarse en Halloween

Y este es mi mejor amigo Jason....

Sabe exactamente qué hacer.

SALTO
SALTO SALTO

Y DI BOO!

Te presento a mi amiga Rachel...

Sie lächelt für Sie.

Así que vayamos todos a la casa de al lado y digamos "truco o trato" juntos, y luego podemos...

SALTO SALTO SALTO

Y DI BOO!

Es importante recordar....

Para dar las gracias.!

Es la cortesía de hacerlo....

Antes de entrar en la siguiente casa ya sabes qué hacer, qué hacer...

SALTO SALTO SALTO

Y DI BOO!

Por favor, no comas golosinas...

Hasta que tus padres digan que está bien.

Incluso si las cosas se ven deliciosas ...

Pueden darte dolor de barriga.

El truco o trato seguro e más divertido...

Y entonces llega el momento...

SALTO SALTO SALTO

Y DI BOO!

Es tarde y hora de volver a casa...

Pero aún no es demasiado tarde...

SALTO SALTO SALTO

Y DI BOO!!

¡Una vez más!

SALTO SALTO SALTO

Y DI BOO!

Serie de saltos en inglés:

¡Salta como un caribú!
¡Salta como un canguro!
¡Salta como un zoo!
Salta y di ¡P.U.!
Salta y di ¡es San Valentín!
También para niños.
¡Salta y busca una pista!
Salta y di ¡Feliz Cumpleaños!
Salta sobre cualquier cosa azul.
Salta y di ¡Feliz Pascua!
Salta y di ¡Cock-A-Doodle-Do!
Salta y canta ¡Da-Do-Do-Do!
Salta y pregunta ¿quién? ¿QUIÉN?
Salta y grita como una cacatúa.
Salta y pregunta: ¿Eres tú o la oveja?

¡SALTA y di que hay un lwww en mi guiso!

¡SALTA y di Feliz Navidad!

Sube y di ¡Feliz Año Nuevo!

SALTA y di ¡Hay un mugido en un tutú!

SALTA y di ¡Hay un conejo en mi pelo!

SALTA y di ¡Mi tía se ha comido una hormiga!

SALTA y di ¡Hay un oso hormiguero en el parque de atracciones!

APLAUDIR LA SERIE:
¡APLAUDO POR 1!

¡Aplausos para el 2!
¡Un aplauso para el 3!
¡Un aplauso para el 4!
¡Un aplauso para el 5!
¡Un aplauso para el 6!
¡Un aplauso para el 7!
¡Un aplauso para el 8!
¡Un aplauso para el 9!

Otros libros infantiles :
El gato que dijo hola
Las tres rocas
Billy Shakespeare
Billie Shakespeare
Aprende a dibujar con simetría